"Espero que este depoimento ajude, de alguma forma, muitas pessoas perdidas, sem esperança, como fui um dia, e que a fé em algo maior que nós mesmos as ajude a encontrar a paz e o equilíbrio necessários para caminhar com mais alegria e confiança neste mundo conturbado em que vivemos todos, no mesmo barco que ameaça naufragar, diante dos graves problemas atuais."

Maria Helena Chartuni

MARIA HELENA CHARTUNI

A HISTÓRIA DE DOIS RESTAUROS

Meu encontro com Nossa Senhora Aparecida

O primeiro, a reconstrução da imagem de Nossa Senhora Aparecida, após o atentado sofrido no dia 16 de maio de 1978, e o segundo, como ela restaurou minha vida.

EDITORA
SANTUÁRIO

DIREÇÃO EDITORIAL:
Pe. Fábio Evaristo R. Silva, C.Ss.R.

CONSELHO EDITORIAL:
Pe. Ferdinando Mancilio, C.Ss.R.
Pe. Marlos Aurélio, C.Ss.R.
Pe. Mauro Vilela, C.Ss.R.
Pe. Victor Hugo Lapenta, C.Ss.R.
Avelino Grassi

COORDENAÇÃO EDITORIAL E REVISÃO:
Ana Lúcia de Castro Leite

PROJETO GRÁFICO E CAPA:
Bruno Olivoto

Fotos:
CDM - Centro de Documentação e Memória
Santuário Nacional de Aparecida

Fotos de N. S. Aparecida na capa e contracapa:
Fabio Colombini

Dados Internacionais de Catalogação na Publicação (CIP)
(Câmara Brasileira do Livro, SP, Brasil)

Chartuni, Maria Helena
    A história de dois restauros: meu encontro com Nossa Senhora Aparecida / Maria Helena Chartuni. – Aparecida, SP: Editora Santuário, 2016.

    ISBN 978-85-369-0439-9

    1. Arquitetura – Conservação e restauração 2. Preservação histórica 3. Nossa Senhora Aparecida – História I. Título.

16-03721   CDD-232.91

Índices para catálogo sistemático:
1. Nossa Senhora Aparecida: Devoção:
Cristianismo 232.91

8ª impressão

Todos os direitos reservados à EDITORA SANTUÁRIO – 2025

Rua Pe. Claro Monteiro, 342 – 12570-045 – Aparecida-SP
Tel.: 12 3104-2000 – Televendas: 0800 - 0 16 00 04
www.editorasantuario.com.br
vendas@editorasantuario.com.br

Dedicatória

Dedico este livro aos milhares de devotos de Nossa Senhora Aparecida, porque foi por meio do testemunho de fé e amor deles que se abriram as portas da percepção espiritual em minha vida.

Tudo se iniciou quando a Imagem foi colocada no caminhão de bombeiros, para ser levada, em cortejo, até Aparecida. Naquela manhã, no vão do MASP, as pessoas chegavam de todos os lados, formando, rapidamente, uma multidão, unida pelo mesmo sentimento de homenagear a Imagem de Nossa Senhora. Dos dois lados do trajeto, formou-se um corredor humano, compacto, que começou na Av. Paulista, seguindo pela Via Dutra, e essa multidão só aumentava, ao longo do trajeto. À medida que o caminhão avançava, as pessoas se manisfestavam, batendo palmas, rezando ou chorando de emoção. No sentido contrário da rodovia, os caminhoneiros, que vinham do Rio de Janeiro a São Paulo, estacionavam seus caminhões, subiam nas cargas para verem melhor, ajoelhavam-se e rezavam, saudando Nossa Senhora Aparecida. Havia também muitos cadeirantes, pessoas com muletas, gente de todo tipo que se aglomerava nas passarelas e, quando o caminhão de bombeiros se aproximava, todos soltavam fogos de artifício. Assim foi por todo o caminho até a chegada a Aparecida, onde outra multidão aguardava.

Eu acompanhava tudo de outro carro, que seguia logo atrás, e pela primeira vez a comoção me invadiu e percebi que havia tocado em algo Sagrado. A alegria de todas aquelas pessoas, manifestada espontaneamente, comemorava também a esperança que retornava em suas vidas. Para mim, iniciava-se outra etapa, sentia-me agradecida a Deus pela oportunidade de realizar uma tarefa tão difícil, mas profundamente compensadora.

Por essa razão, escolhi dedicar aos milhares de devotos de todo o Brasil este livro, que conta a história do restauro da Imagem de Nossa Senhora Aparecida e os resultados desse trabalho em minha vida. Essa energia de devoção continua até hoje, ficando mais forte com o passar dos anos, e não se resume apenas às pessoas mais humildes, como querem fazer acreditar alguns, pelo contrário, estende-se a todas as classes sociais, ricos ou pobres, anônimos ou famosos. Diante dela todos pedem ou agradecem, e eu me sinto abençoada por ter tido a chance de realizar esse trabalho.

AGRADECIMENTOS

Agradeço de coração a duas pessoas que foram fundamentais para a realização deste livro:

Padre Jadir Teixeira da Silva, C.Ss.R., amigo e conselheiro perfeito. Muitas vezes, recorri a ele, pedindo orientação, antes de começar a escrever o livro, e, com seu habitual equilíbrio e sua inteligência, incentivou-me a colocar no papel toda a história vivida com o restauro da Imagem de Nossa Senhora, sem medo ou reservas, seguindo as palavras de Jesus, quando dizia: "A Verdade vos Libertará" (João 8,32).

Graças a seu apoio, criei coragem para colocar toda a minha verdade e me libertar.

Padre Valdivino Guimarães, C.Ss.R., Diretor da Academia Marial de Aparecida, que se empenhou com dedicação e amor para fazer este livro, vindo várias vezes a São Paulo, para nos reunirmos, e, numa espécie de simbiose perfeita, foi nascendo este projeto, pouco a pouco, até chegarmos ao formato ideal. Dessa parceria, criou-se uma amizade baseada em afinidades de alma, que espero continue frutificando em outros trabalhos.

Agradeço também à Editora Santuário, que abraçou com carinho a publicação deste livro.

Apresentação

Às portas da abertura do Ano Jubilar, a partir do próximo dia 12 de outubro, Solenidade da Rainha e Padroeira do Brasil, entre tantas iniciativas por parte do Santuário Nacional de Aparecida, quisemos promover a publicação de obras que dessem destaque à história da devoção a Nossa Senhora Aparecida.

Uma dessas obras é a que colocamos em suas mãos: **"A História de dois restauros"**, de autoria de Maria Helena Chartuni. Esta obra tem um significado especial, uma vez que muitas pessoas não têm real conhecimento de como se deu o restauro da Imagem de Nossa Senhora Aparecida, após sofrer o abominável atentado no ano de 1978, na Basílica Velha de Aparecida.

Maria Helena Chartuni, que na ocasião prestava seu serviço de restauradora ao Museu de Arte de São Paulo Assis Chateaubriand, museu que recebera a missão de reconstituir a Imagem da Virgem Aparecida, foi a escolhida para esta nobre e árdua missão. Não se tratava apenas do restauro de uma obra de arte qualquer, mas, sim, de uma imagem emblemática na vida de todo o povo brasileiro, desde os anos de 1717, quando os três pescadores a tiraram, em dois lances de rede, das águas do rio Paraíba do Sul.

O atentado contra a Imagem fez com que ela se transformasse em mais de duzentos fragmentos, sem falar nas partes que se reduziram a pó, talvez por sua idade e, também, pelo tempo em que a imagem permanecera no fundo do rio Paraíba.

Foi na manhã do dia 28 de junho de 1978 que, em uma caixa forrada de cetim acolchoado, foram entregues os fragmentos da Imagem, reunidos cuidadosamente após o atentado. Pelos relatos escritos, a cada dia, pela restauradora, o trabalho foi meticuloso e preocupante, uma vez que ela tinha sob sua responsabilidade a missão de restaurar uma imagem que se tornara um ícone de fé e devoção do povo brasileiro.

Na presente obra, pudemos perceber o absoluto respeito da restauradora pelas exigências éticas do trabalho de restauro, mas também pelos devotos da milagrosa Imagem de Aparecida. Ela mesma relata ter recebido forte ajuda espiritual para os trabalhos. Realizou-o por amor. Como ela mesma diz: "esta foi a minha maneira de entregar meu coração a ela, através do meu ofício, e assim continua até hoje". Sem saber, afirma a autora, "havia iniciado minha transformação, que me levaria a dizer, anos mais tarde, que Nossa Senhora começara, delicadamente, sutilmente, a restaurar minha vida, também despedaçada, enquanto eu juntava os fragmentos de sua Imagem de terracota!"

Por muito tempo, Maria Helena guardou consigo a história sobre o restauro da Imagem de Nossa Senhora Aparecida. Nunca teve a pretensão de escrever sobre o assunto. Deus, porém, tem o tempo certo para tudo, e acreditamos que este é o momento oportuno. Por isso, a Academia Marial do Santuário Nacional, em vista dos festejos dos 300 anos do encontro da Imagem nas águas do rio Paraíba, achou por bem fazer o convite para que Maria Helena Chartuni escrevesse sobre o restauro técnico da Imagem e sobre sua experiência pessoal vivida a partir deste trabalho, que ela chama de restauro interior. Não seria justo guardar para poucos tal experiência, uma vez que as maravilhas feitas por Deus na vida de cada um devem ser compartilhadas.

A obra consiste em textos da própria autora. A rica ilustração consiste em fotografias feitas na ocasião dos trabalhos de restauro, fotos essas que fazem parte dos arquivos do Santuário Nacional e da própria autora.

A Maria Helena Chartuni, obrigado pelo laborioso e delicado trabalho, e ao leitor, que a emocionante história do restauro da imagem de Nossa Senhora Aparecida o leve, ainda mais, a amar a Virgem Maria, Padroeira e Rainha do Brasil.

Cardeal Raymundo Damasceno Assis
Arcebispo de Aparecida
Presidente da Academia Marial de Aparecida

PREFÁCIO

No dia 16 de maio de 1978, a Imagem de Nossa Senhora Aparecida foi destruída em mais de 200 pedaços e minha vida foi transformada definitivamente.

Tudo concorria para consumar esse trágico acontecimento, pois horas antes o Vale do Paraíba havia sido atingido por forte temporal, que interrompeu o fornecimento de energia elétrica em Aparecida. Protegido pelas trevas que se fizeram, um rapaz retirou a Imagem de seu nicho na velha Basílica e, num momento de insanidade, quando os seguranças se aproximaram para reaver a Imagem, ele a jogou, violentamente, no chão.

A Imagem de terracota, aquela que fora pescada em 1717, nas águas do Rio Paraíba, o símbolo do Brasil, a Padroeira de nossa pátria, jazia no piso da Basílica, destruída em centenas de pedaços. A realidade desafiando a fé e matando a esperança de milhares de pessoas devotas.

Por que certas coisas acontecem e qual é o propósito de tudo isso? Dizer que é a vontade de Deus, quando não sabemos explicar o inexplicável, é mais cômodo e fácil para tentar assim dar um motivo razoável para uma realidade pesada e insana.

Eu esperei muitos anos para escrever essa experiência profunda, talvez por não estar madura o suficiente para digerir toda a transformação que esse restauro causou em minha vida, ou porque o pudor pessoal não permitia que contasse toda a história com o coração aberto e sem medo de censuras. Esse atentado contra a Padroeira do Brasil foi crucial para a fé dos brasileiros, muito semelhante com o que estamos vivendo hoje, na vida política e social do Brasil. Faço esse paralelo da Imagem esfacelada com o abalo profundo de um "status quo" por meio de uma mentalidade arraigada em nossa cultura, desde o descobrimento do Brasil, até os dias de hoje, e que agora é exposta à luz dos holofotes.

E, de repente, tudo se desfaz em milhares de pedaços, nada fica em pé, e parece que vivemos o caos absoluto. Mas, apesar de tudo, vejo esta situação necessária para a reconstrução de uma nova maneira de se comportar por meio de uma postura renovadora, porque não se pode construir nada novo sem destruir o velho, enterrando as ruínas, a fim de fazer desabrochar uma mentalidade restaurada, não só na política, como na vida social da nação. A verdadeira transformação está em nós mesmos como indivíduos, e, se mudarmos individualmente, promoveremos também a mudança coletiva, de que tanto necessitamos. Muitas vezes um grande choque emocional e social é capaz de resgatar séculos de acomodação indiferente e conivente!

A história dessa Imagem começou de forma inexplicável, mas os efeitos foram, imediatamente, sentidos pelos pescadores. A devoção começou logo após seu achado e continua cada vez mais forte, e é algo absolutamente espontâneo, não é um mito criado pela mídia ou por interesses de marketing, por isso mesmo perdura até os dias de hoje.

Este é o relato da história da reconstrução da Imagem de Nossa Senhora Aparecida e suas consequências em minha vida.

Espero que possa ajudar muitas pessoas a manterem acesa a esperança consoladora, especialmente neste momento histórico em que vivemos.

Maria Helena Chartuni

Introdução

Quando algo espiritual nos acontece, não vem anunciado, ruidosamente, ao som da Nona Sinfonia de Beethoven. Simplesmente chega, de forma imprevista e silenciosa, e sem nenhum controle pessoal.

No dia 16 de maio de 1978, a imagem de Nossa Senhora Aparecida sofreu um atentado. Durante uma missa, um rapaz se apossou da imagem, na Basílica Velha de Aparecida, depois de quebrar o vidro do nicho onde ela estava, e ao ser abordado pelos seguranças, assustou-se, deixando-a cair no chão, espatifando-a em mais de duzentos pedaços.

A imagem original achada no rio Paraíba, pelos três pescadores, feita de terracota, estava destruída no chão da Basílica. Seus fragmentos foram recolhidos e guardados pelos padres, na expectativa de que fosse reconstruída. A notícia se espalhou pelo país por meio da imprensa escrita e televisiva, causando enorme comoção. Parecia que este atentado matara a esperança.

Eu ouvia os noticiários, sem saber – ou mesmo desejar – que estava destinada a restaurar a imagem. Meses antes, eu havia sofrido um grande problema pessoal, que me abalara e fragilizara emocionalmente.

Passada a fase aguda daquela situação, comecei a ter uma forte sensação de que logo participaria de uma grande festa, na qual todos estariam felizes comigo. Mas, em seguida, minha autocrítica funcionou, eliminando estas ideias estranhas de minha cabeça. Culpava meu estado emocional pelos pensamentos absurdos, que insistiam em permanecer.

O noticiário continuava a falar do atentado e um dos padres de Aparecida expunha a gravidade da situação. Novamente, minha voz interior me dizia: "Você que vai restaurar esta imagem". E, mais uma vez, minha autocensura tentava eliminar este "absurdo" de minha cabeça. Os caminhos de Deus são estranhos, mas eficazes.

Muitas pessoas se ofereceram para restaurar a imagem, porém os padres desejavam fazer uma escolha mais segura. Dirigiram-se ao diretor do Museu Vaticano, Professor Deoclécio Redig de Campos, brasileiro radicado em Roma, e formularam o desejo de levar a imagem destruída para ser restaurada em Roma. No entanto, o professor Deoclécio, desaconselhou-os, sugerindo que deveriam procurar o diretor e criador do Masp (Museu de Arte de São Paulo), Prof. Pietro Maria Bardi, dizendo que ele resolveria o problema. Assim fizeram os padres.

Numa ocasião, o Prof. Bardi me avisou que iria a Aparecida para ver o estado real da imagem, e depois me telefonaria para relatar o que vira e decidira. Eu não fui devido a compromisso de trabalho. Quando o Prof. Bardi retornou de Aparecida, disse-me: "Prepare-se, porque na semana que vem os padres trarão a imagem para você restaurar". A decisão fora tomada sem consulta prévia a mim, num ato típico de seu temperamento, decidido e habituado a enfrentar qualquer desafio sem medo.

Iniciei minha vida artística como pintora e escultora, muito antes de ser restauradora. O restauro ocorreu como opção de vida, pois não queria depender apenas da criação de obras de arte para viver. Sempre tive em mente encontrar um caminho próprio para me expressar. Não desejava apenas seguir o fluxo, porque estava na moda ou porque todos faziam de um certo modo. O caminho da maioria nunca me interessou. Sou, por natureza, curiosa, e gosto de me aventurar e descobrir meu próprio rumo, solitário, difícil, às vezes, porém muito mais divertido e interessante.

Por isso, quando surgiu o restauro, como segunda opção, sugerido pelo Prof. P. M. Bardi, que sempre confiou em mim e apoiou meu trabalho artístico, agarrei a oportunidade. Estudei com restauradores e comecei a gostar deste novo mundo. Houve muitas críticas de alguns colegas artistas, que não compreendiam, e, também, de restauradores, que não aceitavam que um artista restaurasse. Diziam que o artista que restaura não respeita a obra de outro colega. Nada mais falso, porque se uma pessoa é verdadeiramente um profissional da arte, e tem sua própria obra, possui mais condições de respeitar e entender a obra alheia. Tenho meu próprio trabalho, para me jogar em devaneios artísticos, sem necessidade de usar obras de outros artistas para esse fim.

O restauro é mais técnico, científico, entretanto, precisa de uma dose de criatividade, não no sentido de criar em cima do que existe, mas de absorver, quase por osmose, a linguagem da obra a ser restaurada, por isso mesmo, conservando-a, sem interferências pessoais, mas se tiver de fazê-lo, deixar visível a parte restaurada.

Assim que o restauro da imagem de Nossa Senhora Aparecida se tornou público, enfrentei dupla batalha. De um lado, alguns restauradores não aceitavam um artista restaurando, e de outro, alguns artistas menosprezavam a imagem, por não a considerarem uma obra de arte. Isso perdurou por muito tempo até que, recentemente, o Condephaat tombou a imagem de Nossa Senhora Aparecida, inclusive seu manto, declarando que havia "esquecido" de fazê-lo nos anos 80, quando foi transferida para a nova Basílica, como era a intenção. A imagem ganhou, oficialmente, *status* de obra de arte, digna de ser tombada!

O Prof. Bardi sempre confiou em mim. Eu já trabalhava no Masp há vários anos e, em 1975, fui a Londres fazer um curso para profissionais de restauro no *Victoria and Albert Museum*. Os interessados se candidatavam por intermédio do *British Council* de cada país, que os avaliavam juntamente com o *Victoria and Albert Museum*. E eu fui escolhida para representar o Brasil.

Quando o Prof. Bardi tomava uma decisão era sempre baseada em seu enorme conhecimento de arte e em sua experiência no campo do restauro. E quando ele aceitou fazer o restauro da imagem de Aparecida no Masp, sem me consultar previamente, tive de aceitar como fato consumado.

Na manhã do dia 28 de junho de 1978, vieram ao Masp o então Arcebispo de Aparecida, Dom Geraldo Maria de Morais Penido, o Padre Isidro de Oliveira Santos, C.Ss.R., reitor do Santuário de Aparecida, e Padre Antônio Lino Rodrigues, C.Ss.R., trazendo uma caixa de madeira revestida de fórmica branca e forrada internamente de cetim branco acolchoado, contendo os fragmentos da imagem destruída.

Foi assim minha apresentação a Nossa Senhora, que eu via, pela primeira vez, em minha vida. Imediatamente, percebi o tamanho do problema que tinha nas mãos. Muitas pessoas sempre me perguntam o que senti diante da imagem de Aparecida. Não consigo descrever exatamente, mas foi um misto de medo, responsabilidade e receio de não conseguir realizar o que tinha pela frente.

Não sou de desistir diante de problemas, mas tinha plena consciência de que não seria fácil, porque, se eu errasse, queimaria na fogueira, sem direito à defesa, destruindo, praticamente, minha vida profissional. Ao mesmo tempo, fiz o firme propósito de realizar esse trabalho, que caía do céu em meu colo, da melhor forma possível, dando o máximo de mim. Desistir, sem tentar, seria covardia e medo de enfrentar uma batalha. Prefiro sempre tentar e assumir a luta, a fugir. E nesse momento, pedi ajuda a ela, depois de tantos anos de silêncio de minha parte.

Para que tivesse um tempo de tranquilidade, sem os holofotes da imprensa, combinamos, em comum acordo com os padres, de espalhar uma notícia falsa, afirmando que os técnicos de Roma viriam a São Paulo para restaurar a imagem.

Antes de sair, o Arcebispo Dom Geraldo Maria de Morais Penido e os padres Antonio Lino Rodrigues e Isidro de Oliveira Santos rezaram conosco uma Ave-Maria para abençoar os trabalhos.

Minha sala foi isolada e o segredo da fechadura trocado, impedindo a entrada das pessoas. Os outros funcionários do Museu foram advertidos para guardar sigilo absoluto, a fim de que o trabalho não sofresse especulações que, certamente, perturbariam a difícil tarefa.

No dia seguinte, 29 de junho de 1978, iniciei os trabalhos, que seguiram sem interrupções, inclusive aos sábados e domingos, até sua conclusão, no dia 31 de julho de 1978.

Eu conhecia a imagem de Nossa Senhora apenas em seu nicho da Basílica Velha, quando fui, aos doze anos de idade, em excursão a Aparecida, com as freiras do Colégio *Sacré Coeur de Marie*, onde eu estudava, e também pelas reproduções, sempre com o manto. Por esse motivo, em minha mente, ela tinha formato triangular, sugerido pelo manto.

Mas, olhando para os fragmentos naquela caixa branca, descobri sua forma verdadeira de imagem de terracota seiscentista (séc. XVII), que havia sido recolhida das águas do rio Paraíba no ano de 1717, quando três pescadores tentavam, em vão, pescar para o banquete do Conde de Assumar.

Conforme a história desse encontro, após inúmeras tentativas, jogando a rede nas águas do rio, sem sucesso, eis que pela última vez os três pescadores lançaram-

-na e, para surpresa de todos, quando a puxaram veio enroscado na rede o corpo da imagem, acompanhado de muitos peixes. Mais adiante, o fenômeno se repetiu e retiraram a pequena cabeça, e a pesca se tornou abundante. Recolhidos o corpo e a cabeça, os três pescadores, Domingos Martins Garcia, João Alves e Felipe Pedroso levaram a imagem para suas casas e uniram a cabeça ao corpo com algum tipo de cola animal, típica da época. Iniciava, de modo simples e verdadeiro, a devoção sincera a Nossa Senhora da Conceição, batizada por eles de "Aparecida". Estava criado o nome oficial da imagem que aparecia, milagrosamente, trazendo a proteção Divina que estas pessoas simples e sofridas precisavam para renovar sua fé em Deus.

Duzentos e sessenta e um anos depois, esta imagem desafiava a realidade. Destruída por razões inexplicáveis, devia ser "criada" de novo, por meio de sua reconstrução, renascendo, como uma Fênix, da violência insana.

A esperança também voltava, dia a dia, durante os trinta e três dias que durou sua reconstrução. Renascia em mim, pouco a pouco, uma nova vida. Este foi meu maior desafio e a maior bênção de minha existência, transformando meus conceitos. Acreditava, na época, que tudo dependia de meu próprio esforço para a realização pessoal. Estava convicta que éramos os diretores e os protagonistas de nossa própria vida, e lutando conseguiria realizar tudo o que almejava. Esta experiência fez cair por terra aquilo em que acreditava, fazendo-me voltar para Deus e descobrir, por conta própria, que as melhores coisas que nos acontecem caem, literalmente, do céu como um presente. Aprendi a entregar a Nossa Senhora, como medianeira de Deus, o controle de minha vida, daquilo que não posso mudar, nem interferir.

Outra polêmica que se faz, em torno da imagem, é sobre sua cor. Muitos acreditam que ela é escura, mas a terracota, material usado em sua feitura, tem vários tons, dependendo da região de origem do barro, e nesse caso, o tom é bege claro. A cor escura que conhecemos hoje foi adquirida, posteriormente, quando a imagem perdeu sua policromia original, submersa nas águas do rio Paraíba. Além disso, por ficar exposta às luzes dos candeeiros e às velas da casa dos pescadores, a imagem adquiriu este tom acanelado, que conhecemos hoje.

Ficha técnica

Obra

Título: "Nossa Senhora da Conceição Aparecida"

Dados técnicos: Escultura em terracota. É provável que fosse policromada, originariamente. Achou-se pequeno sinal de cor vermelha, mas devido à permanência nas águas, essa policromia se perdeu.

Dimensões:
Altura: 37 cm, sem a base de prata, e
39.5 cm com a base de prata.
Largura: 18.5 cm
Profundidade: 11 cm

Autor: Atribuído ao discípulo de Frei Agostinho da Piedade (doc. Bahia 1610-1661)

Data: Primeira metade do séc. XVII.

Antigos restauros: Em 1946, foi introduzido um pino de alumínio no pescoço da imagem, na tentativa de fixar a cabeça. O material empregado foi cola de origem animal e cimento, que serviu, também, para reconstruir a parte detrás dos cabelos e em alguns pontos da testa, também nos cabelos. Em 1950, novo conserto foi realizado, dessa vez, para fixar a cabeça e reforçar a pátina acanelada da imagem. Estas interferências foram realizadas pelos padres redentoristas Alfredo Morgado e Humberto Pieroni, respectivamente.

Base: Suporte circular de prata com duas asas laterais em círculos menores, furadas, obra do prateiro com a marca F.L.C., e com a seguinte inscrição: "Thesoureiro JMM, Vgrio BISP/ 6 de março de 1875"; a base foi, levemente, danificada em uma de suas extremidades laterais. Placa de madeira: base do referido suporte. Pino de latão: encoberto com mistura de cera, areia e cimento, integrantes da base que suporta a imagem, a fim de dar-lhe estabilidade. Esse conjunto só foi adicionado à imagem no Oitocentos (Séc. XIX), e não fazia parte da imagem original. O contraste F.L.C. foi encontrado no livro "Marcas de Contrastes e Ourives Portugueses", desde o Séc. XV até 1950, editado pela Casa da Moeda de Portugal, à página 98: F.L.C. – Felipe Lopes Cardoso – marca de ourives do Porto, com registro em 1869, por Vicente Manuel de Moura.

IMAGENS DA RESTAURAÇÃO

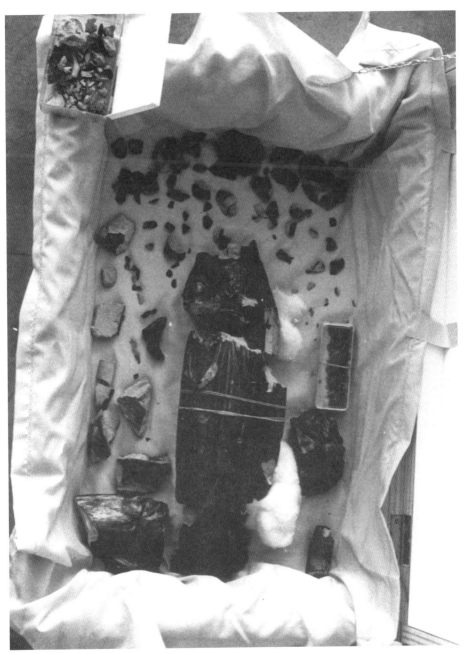
A Imagem destruída em mais de 200 pedaços

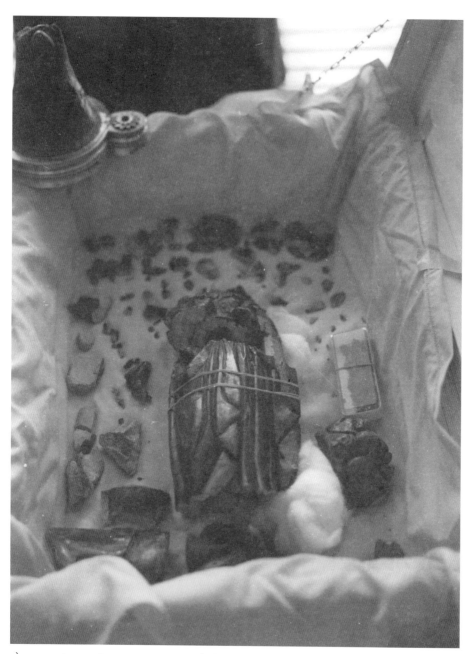

À esquerda, no alto, aparece o pino da base de prata, revestido de cimento, areia e cera

Outra visão da Imagem quebrada, na qual se pode identificar as mãos em prece, à esquerda perto do corpo, e que ficaram intactas na queda

Outro ângulo da Imagem destruída

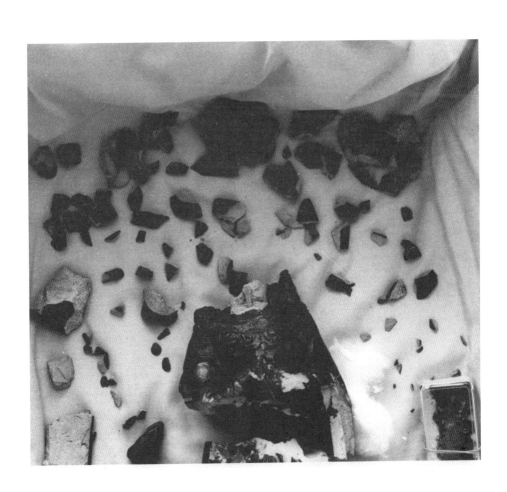

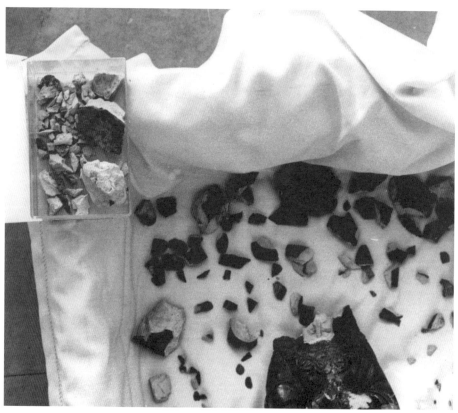

A pequena caixa, à esquerda, onde se encontravam os pedaços da cabeça

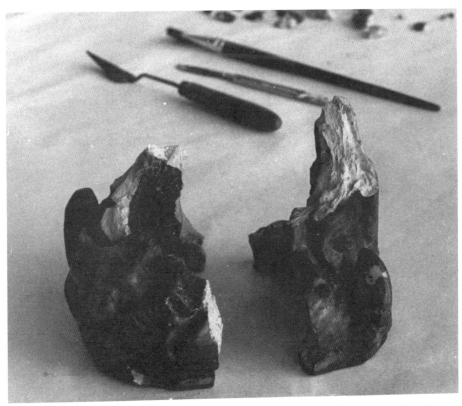

Dois pedaços da base, antes da colagem

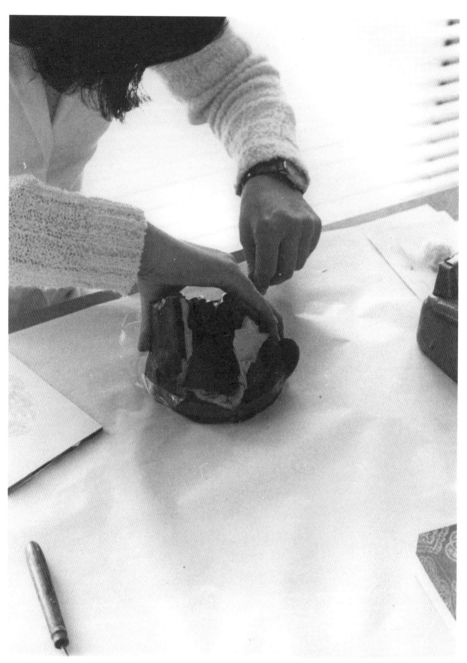
Colagem dos dois pedaços da base

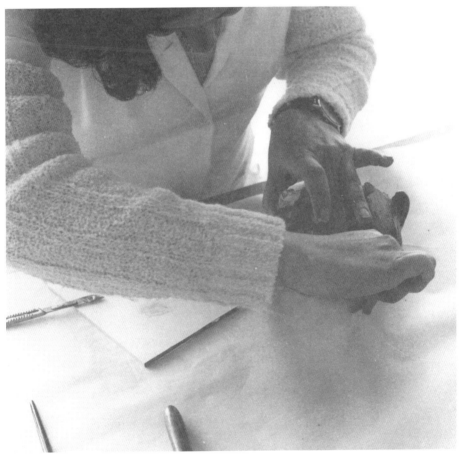

Colagem da base

Outros novos pedaços sendo agregados à base

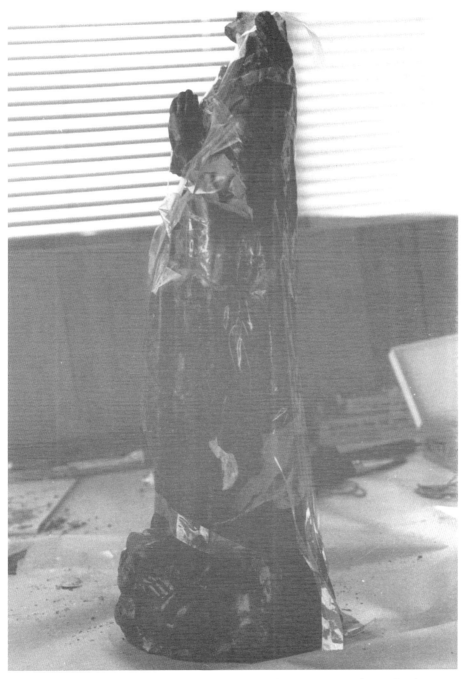

A Imagem montada provisoriamente, com fita adesiva transparente, antes da colagem definitiva

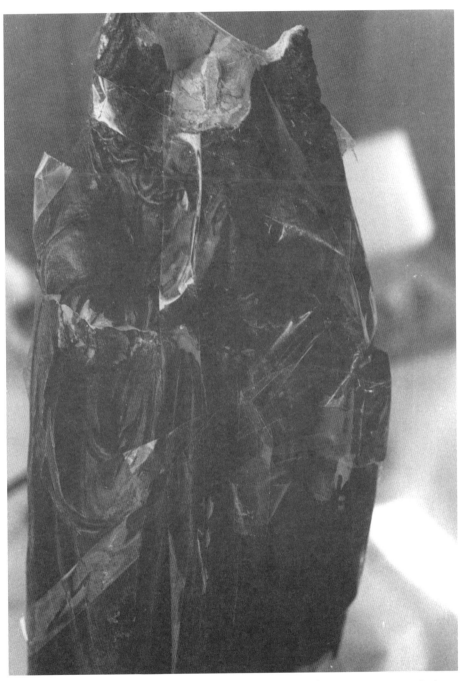

Vê-se o pino do pescoço, acrescentado no antigo restauro, de 1946

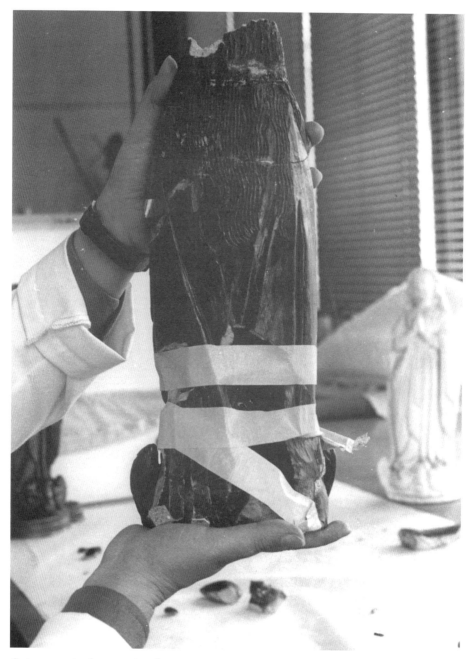
Outro aspecto da reconstrução

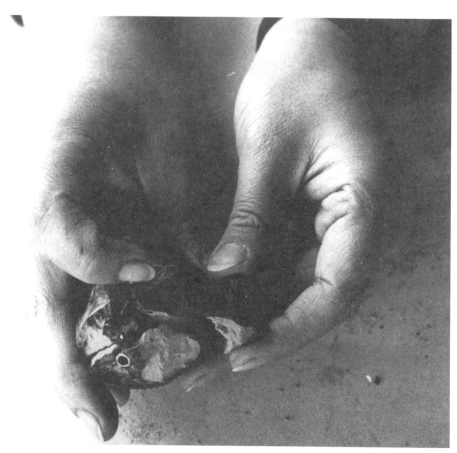

Início da reconstrução da cabeça

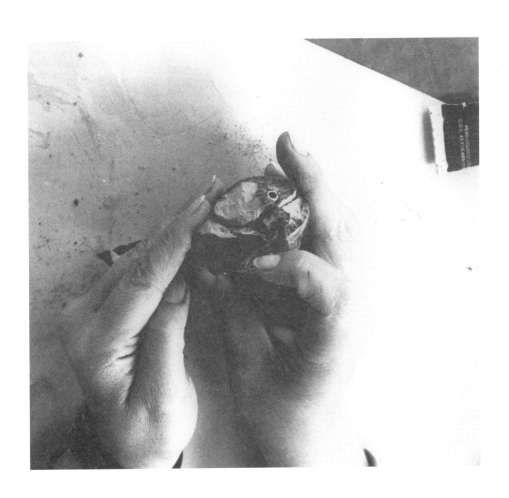

A cabeça sendo recomposta com fita adesiva, antes da colagem definitiva

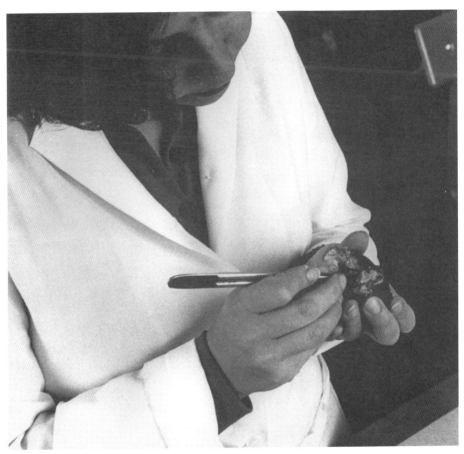

A cabeça completa e já colada, em definitivo

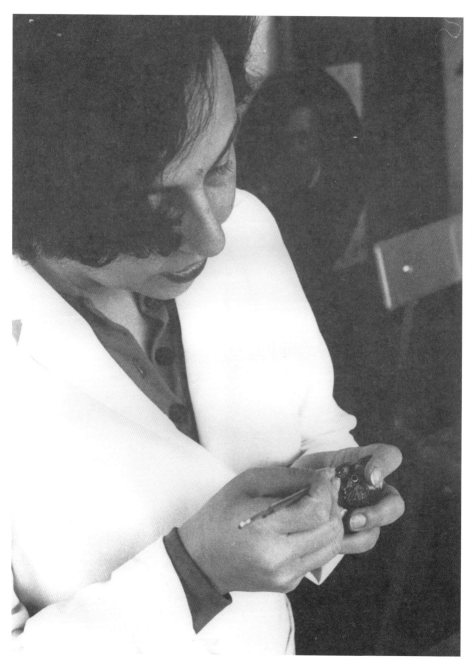

Procedimento de limpeza, antes do encaixe da cabeça

Teste para o encaixe da cabeça sendo adicionada ao corpo

A cabeça sendo encaixada no corpo

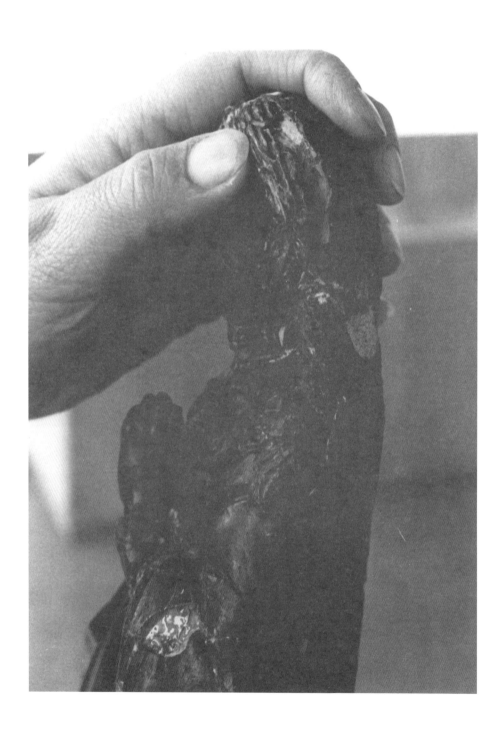

Parte detrás da cabeça, onde ainda faltavam alguns fragmentos

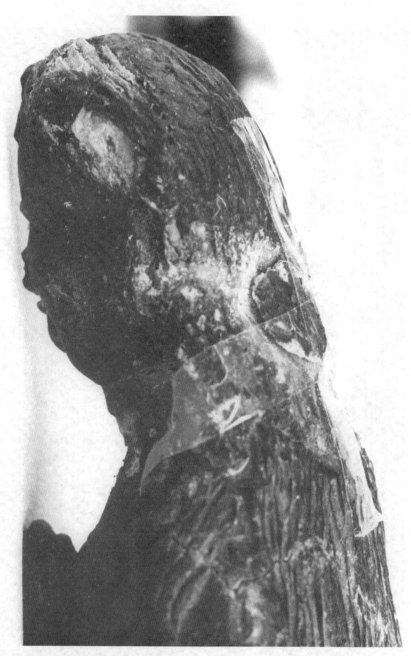

Colocação de mais um fragmento com fita adesiva, aos poucos iam se encaixando os pedaços menores, completando cada vez mais o quebra-cabeça

Remoção do antigo restauro dos cabelos

Fotos que mostram a limpeza da Imagem

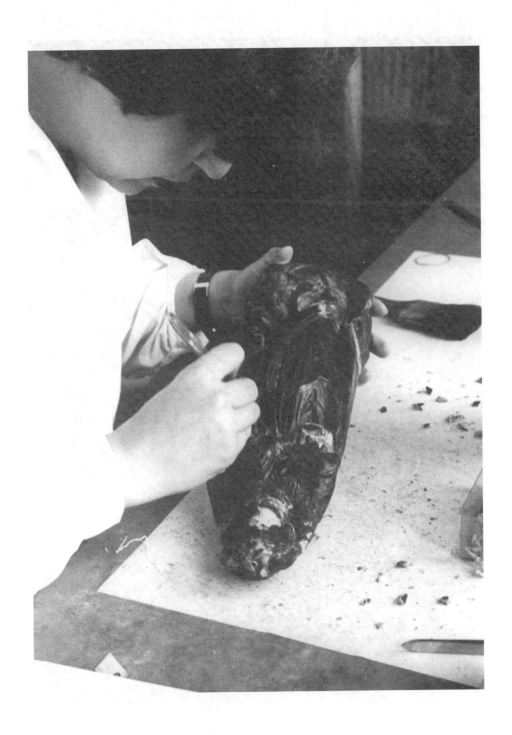

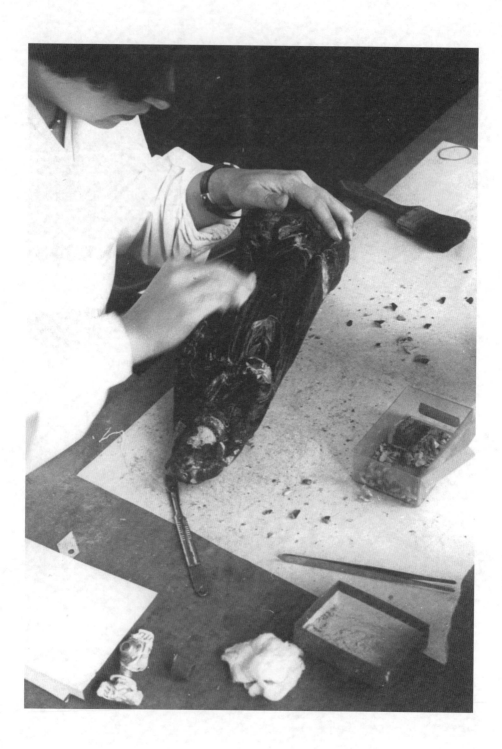

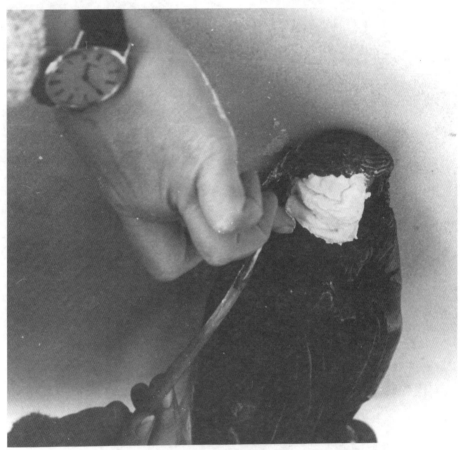

Tentativa para fazer a forma da parte da face direita para recompor esta parte que não foi encontrada. Usei a cópia de bronze para este fim

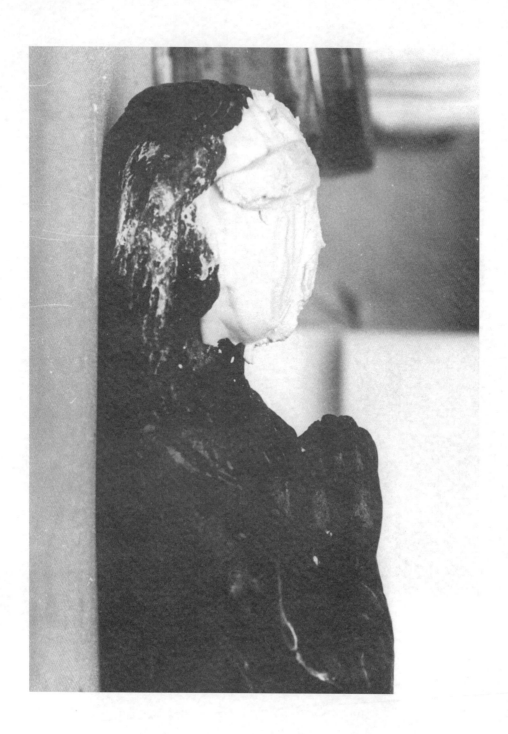

A base de prata, danificada em sua parte lateral

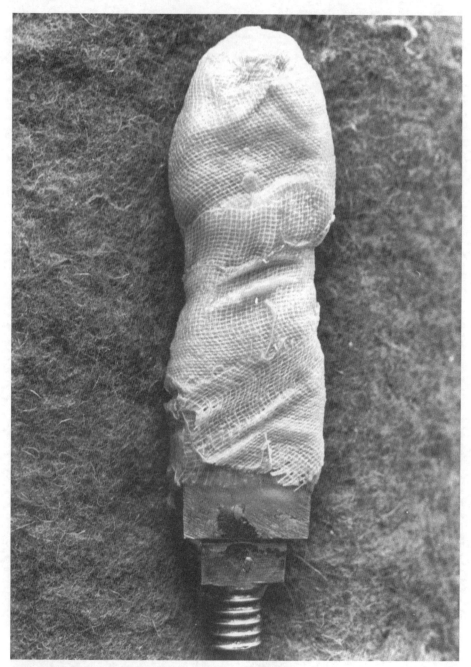

O pino da base de prata envolvido em gaze, sendo preparado para receber as ceras de abelha e carnaúba, para ser introduzido dentro da Imagem, criando um suporte mais macio e adequado

A face direita antes de ser completada

As partes que faltam: da face, do cotovelo, cabelos e em certos pontos do manto

As falhas já preenchidas, recompondo as partes que faltaram

A Imagem totalmente reconstruída, e colocada em sua base de prata

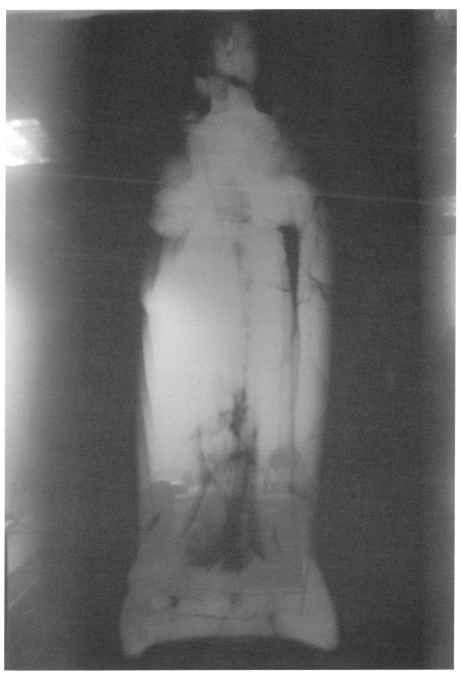

Radiografia da imagem depois de reconstruída, que comprova o restauro, e onde se veem as junções da colagem de cada pedaço

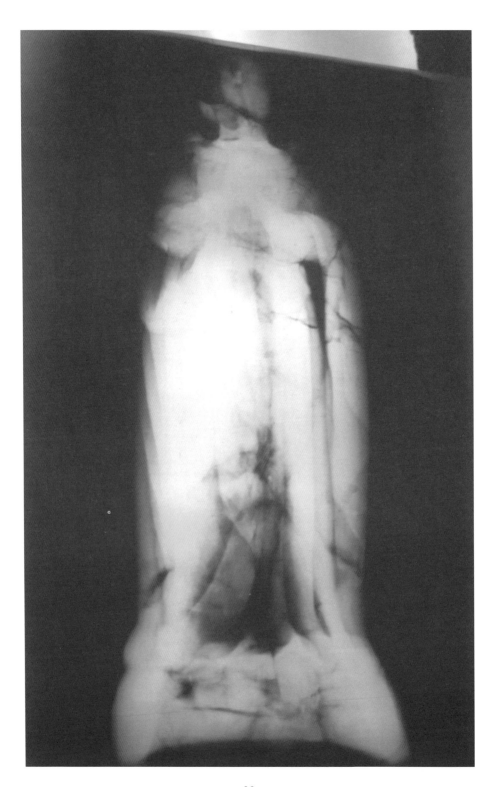

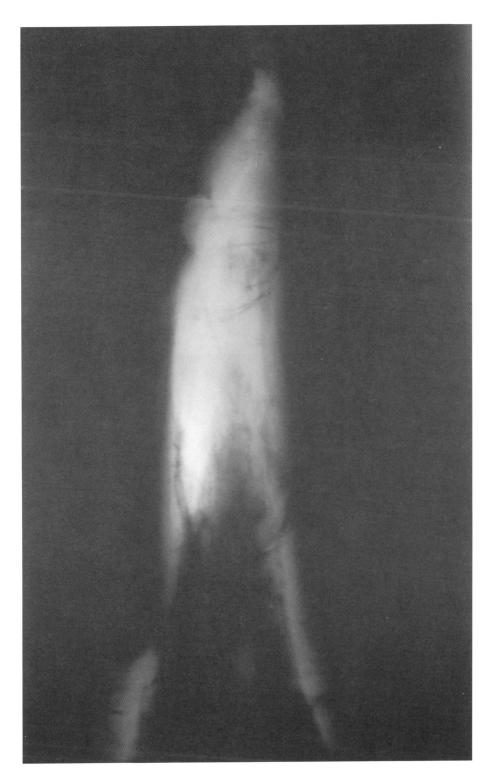

Pessoas no vão livre do Masp aguardando a imagem ser colocada no caminhão de bombeiros

Fila na Pinacoteca do Masp para ver a imagem de Nossa Senhora Aparecida restaurada, onde ficou por toda a manhã exposta ao público

O povo nas escadarias do Masp

A imagem sendo colocada no caminhão de bombeiros

A imagem em seu nicho no caminhão de bombeiros para seguir viagem até Aparecida

Roma, 29.III.80

Caro Bardi,

Ho ricevuto il libretto sul restauro della Aparecida da te diretto. Grazie e plauso per il lavoro tanto accuratamente compinto dalla Signora Chartuni, la quale ha tenuto presente che qui si tratta non di un oggetto archeologico, bensí di un oggetto di culto e venerazione.

Cordialmente

[assinatura]

Carta enviada pelo Prof. Dioclécio Redig de Campos que indicou o MASP, através do Prof. Bardi, para restaurar a imagem de Nossa Senhora. Segue tradução:

Roma, 29.3.80

Caro Bardi,
Recebi o livro sobre o restauro de Aparecida, dirigido por você. Obrigado e aplausos pelo trabalho feito tão acuradamente pela Senhora Chartuni, a qual teve presente que, neste caso, se trata não de um objeto arqueológico, mas de um objeto de culto e veneração.
Cordialmente,

Deoclécio Redig de Campos

O primeiro restauro

A reconstrução da imagem de Nossa Senhora Aparecida

O restauro de uma obra de arte obedece a certos critérios: respeitar a história da obra, com suas feridas provocadas pelo tempo, e interferir o menos possível, a fim de preservar o original. Se estiver faltando um pedaço, este não deve ser refeito, e qualquer interferência deve ser estudada. Mas, se os antigos restauros estiverem cobrindo o original, ou se não forem adequados, devem ser removidos. Isto serve como regra geral, porque cada obra é um problema em si e não existe uma igual à outra.

No caso da imagem de Nossa Senhora Aparecida, totalmente destruída, eu tinha um problema único diante de mim. Uma imagem sagrada, de culto, não poderia ser tratada apenas como obra de arte, deixando expostas todas as marcas da destruição, pois chocaria o público devoto, e, assim, em conjunto com os padres, decidi assumir uma postura diferente.

Examinando, cuidadosamente, os fragmentos, contei mais de 200 pedaços, mas aproveitáveis para a reconstrução, apenas 165. O restante, reduzido quase a pó, foi misturado com a cola e utilizado no interior da imagem, auxiliando sua consolidação.

O motivo da imagem ter se quebrado em tantos pedaços deve-se a alguns fatores. O tempo que ficou submersa no rio Paraíba deixou a terracota porosa e fragilizada, fato comprovado durante os trabalhos, examinando sua estrutura interna, a qual se apresentava escamada, e estas escamas se abriam em pétalas. O primeiro procedimento foi a fixação destas escamas, a fim de consolidar estas partes, antes de iniciar a reconstrução. Outro fator que contribuiu foi o peso da coroa de ouro maciço, doada pela Princesa Isabel, e que coroava sua cabeça, no dia do atentado. Finalmente, a base de prata, cujo pino, revestido de cimento, areia e cera, fixado na base onde se encaixava a imagem, criava um peso adicional enorme, provocando sua destruição.

A escolha da cola

Pesquisando todas as colas do mercado brasileiro, na época, conclui que nenhuma me dava a segurança que necessitava: ou colavam muito rápido e depois se desprendiam, ou era necessário esperar 24 horas para a cola agir e unir cada parte, o que impossibilitava a operação. Tive de optar por cola argentina, à base de epóxi, de nome Poxipol, que resiste à corrosão, a temperaturas de até 180 graus centígrados, a ácidos, a solventes e a produtos químicos. Aplica-se a frio, não necessita ser pressionada, não sofre alterações significativas ao longo do tempo e é resistente à umidade.

Eu havia usado a mesma cola, anteriormente, em três vasos Apulos do V Séc. a.C., de terracota, com excelentes resultados. Uma vez colado, não se poderia mais removê-la, pois essa cola age como uma solda química, e se a peça porventura quebrar-se, será em outra parte, não na que foi colada. Assim tive de ter precisão cirúrgica. Não podia cometer erros. Antes de colar, definitivamente, eu unia cada pedaço com fita adesiva transparente e, só depois da certeza absoluta que os fragmentos se correspondiam entre si, colava-os.

Começava um grande e complicado quebra-cabeças tridimensional. Além disso, quando a imagem se esfacelou, sua estrutura interna se alterou com o impacto, aumentando cerca de 1 cm cúbico e de meio milímetro a um milímetro, o suficiente para que o encaixe das partes maiores fosse mais complicado.

29 DE JUNHO, QUINTA-FEIRA

Do Diário da Restauração, 29/06/1978
"Certos de que os fiéis desejam rever a imagem tal qual como era venerada antes do infortúnio, procuraremos nos aproximar, tanto quanto possível, do seu aspecto tradicional. Seremos bem zelosos da honrosa incumbência na execução de um trabalho, o mais perfeito possível, para que tanto os fiéis, como todos os cultores da Padroeira do Brasil, não fiquem desiludidos. Trataremos de restituir a semelhança que a imagem possuía antes deste acidente. Temos, ainda, a certeza de que o material que vamos utilizar na colagem dos fragmentos é o que há de melhor para estes trabalhos e que poderá, perfeitamente, desafiar o passar dos anos, por muito tempo. A solidez da imagem será maior, após a recomposição e o restauro, do que antes..."

Neste dia, iniciei a identificação dos fragmentos, separando-os por partes: aquilo que correspondia ao corpo, ou ao manto, e assim por diante.

> Do Diário da Restauração, *29/06/1978*
>
> **❝** Constatamos, pelos fragmentos da imagem em terracota, que ela é da primeira metade do século XVII, de artistas seguramente paulistas, tanto pela cor como pela qualidade do barro empregado e, também, pela própria feitura da escultura. Obra de discípulo do Benedito Frei Agostinho da Piedade (doc. Bahia 1610-1661), encontrada na rede dos três pescadores no porto de Itaguaçu, no rio Paraíba, em 1717. **❞**

Durante dias, colocava os pedaços em um papel branco encorpado, tipo cartolina, circulando-os com um lápis, e identificando a que parte pertenciam. Este trabalho durou de quatro a cinco dias, pois precisava organizar aquele caos, antes de iniciar a montagem.

30 DE JUNHO, SEXTA-FEIRA

> Do Diário da Restauração, 30/06/1978
> "Primeiro, foram separados os de maiores dimensões - os pertencentes ao corpo - e determinadas as possíveis posições das peças menores em relação a eles. Adotando-se o sistema de eliminação e coincidência nos traços de ruptura, buscou-se conseguir uma possível reconstrução estrutural."

Outro procedimento a seguir foi limpar cada fragmento de uma resina de silicone vermelha, atacada a cada um deles, consequência de uma fôrma feita em passado recente, para cópias, e estes resíduos permaneceram.

3 DE JULHO, SEGUNDA-FEIRA

Liberados do silicone, iniciei a colagem com os quatro elementos que compunham a base. Inicialmente, uni-os com fita adesiva transparente e, após certeza absoluta, colei-os em definitivo.

> Do Diário da Restauração, 03/07/1978
> ❝ Outra operação realizada: recomposição dos três elementos maiores da roupagem, juntando-se as mãos que foram destacadas do corpo da imagem. [...] Para se ter certeza absoluta do ajuste do encaixe da base do corpo foram feitos dois pontos de cola e, somente após este teste, procedeu-se à colagem definitiva. ❞

A parte do corpo, coberta pelo manto, foi mais complicada de ser restaurada, porque, com o impacto da queda, as medidas se alteraram. Iniciei colando as escamas internas, fixando-as, para só depois iniciar a junção do corpo à base. Foi preciso limar pequenos excessos para depois fixar em dois pontos apenas, até acertar uma parte na outra, compensando a diferença de 1 cm cúbico a 1 mm, até o encaixe perfeito.

Nessa fase do trabalho colei as mãos, que permaneceram intactas na queda. A imagem ia adquirindo sua forma original, e cada pedaço encontrado foi se encaixando em seu devido lugar. Era uma vitória!

4 DE JULHO, TERÇA-FEIRA

Cheguei na parte do colo, onde havia material não cerâmico, de restauros anteriores, inclusive um pino de alumínio que foi mantido.

> Do Diário da Restauração, 04/07/1978
> **"** Colocou-se hoje a parte do colo que apresenta elementos não cerâmicos. Este material estranho à matéria original da imagem é consequência de restauração antiga, quando se fixou a cabeça ao corpo. Nesta ocasião utilizou-se uma massa de cimento e empregou-se, para se fixar a cabeça ao corpo, uma peça de alumínio. Esses restauros antigos foram mantidos. **"**

8 E 9 DE JULHO, SÁBADO E DOMINGO

> Do Diário da Restauração, 08/07/1978
> " Recomposição da face, com os cincos fragmentos encontrados, o que resultou na sua quase reconstrução da parte esquerda. Deve-se notar que somente a face esquerda contava com 5 fragmentos. A cabeça foi reconstituída com pedaços que continham: parte dos cabelos posteriores, o miolo interno, dois fragmentos que formavam a parte lateral da cabeça com os cabelos e uma roseta. Procura de fragmentos com partes marcantes da cabeça e constatação de que faltam peças para reconstituir a face da imagem em sua parte direita. "

Dediquei-me à reconstrução da cabeça e da face esquerda. Os cinco fragmentos que a compunham eram da espessura da casca de ovo, difíceis de serem colados, por não terem a estrutura adequada. Criei uma base de plastilina removível, para reconstruir a face esquerda apenas, pois a direita não foi encontrada, ou porque foi pulverizada na queda, ou levada, em segredo, como relíquia por alguém. Nunca se soube o que aconteceu!

A cabeça foi reconstituída com pedaços que continham parte dos cabelos posteriores e o miolo interno em dois fragmentos, que formavam a parte lateral da cabeça, com os cabelos e uma roseta.

Baseando-me nos fragmentos que continham o orifício do pino de fixação para a coroa, descobri aqueles que pertenciam à parte interna da cabeça, o que me permitiu, a partir daí, realizar sua reconstrução, uma vez que tudo se encaixava, devidamente, aos pedaços dos cabelos da parte posterior. Montei tudo com fita adesiva transparente, fazendo a composição provisória da cabeça, antes de sua colagem definitiva.

> Do Diário da Restauração, 09/07/1978
> **"** Localização de fragmentos que fazem parte da cabeleira em sua região situada abaixo e acima das costas, apresentando, em parte, o antigo restauro quando da recolocação da cabeça ao corpo da imagem, com emprego do aludido pino de alumínio. (Conserto executado pelo Pe. A. Morgado, em 1946; e fixação da cabeça aos cuidados do Pe. A. Pieroni C.Ss.R., em 1950). **"**

Localizei depois os fragmentos que pertenciam aos cabelos, na região situada abaixo e acima das costas, onde apareciam o antigo restauro feito com cimento de construção e o pino de alumínio, que teoricamente daria maior estabilidade à cabeça. (Consertos executados pelo padre Alfredo Morgado, C.Ss.R., em 1946. A introdução do pino de alumínio e a fixação da cabeça ficaram aos cuidados do padre Humberto Pieroni, C.Ss.R., em 1950.)

11 de julho, Terça-feira

> Do Diário da Restauração, 11/07/1978
> Constatamos que a imagem reconstruída apresenta seu antigo aspecto, faltando, porém, a parte direita da face. O dia foi dedicado ao polimento das partes coladas utilizando-se, para esta operação, o bisturi e o esmeril, este acionado por motor elétrico e do tipo utilizado por dentistas. O resultado, que não era possível ser previsto quando tiveram início os trabalhos de reconstituição e restauração da imagem, deixou todos muito satisfeitos.

14 DE JULHO, SEXTA-FEIRA

Recebi mais uma visita dos padres Isidro de Oliveira Santos, Antonio Lino e Alfredo Morgado, que vieram acompanhar o andamento do restauro, que já estava bem adiantado, com a cabeça colada ao corpo. Era difícil ver a olho nu os sinais da reconstituição, por isso, utilizei a lâmpada de Wood, que emite uma luz que detecta os pontos da colagem.

> Do Diário da Restauração, 14/07/1978
> **"** Visita dos padres Isidro, Antônio Lino e Alfredo Morgado. Na reunião foi mostrado aos visitantes o trabalho realizado até esta data. Demonstrou-se, com a utilização da lâmpada de Wood em câmera escura, os pontos de junção das peças fragmentadas pois a luz emitida por esta lâmpada faz surgirem os pontos não originais da escultura. Assim a cola empregada, o Poxipol, foi possível ser vista por ser o único elemento não original da imagem. Tomou-se a decisão de reconstituir a face direita da imagem com o emprego dos fragmentos que não portavam quaisquer sinais de identificação em sua camada exterior, pois, após meu minucioso exame de cada pedaço da escultura, com medições e teste de encaixes, não se localizou as partes constituintes da face direita. Estas partes se perderam quando do atentado. **"**

Com os sacerdotes foi tomada a decisão de se reconstruir a face direita, porque os pedaços referentes a esta parte do rosto não foram encontrados.

Reforcei toda a estrutura interna, especialmente, na cabeça e na parte inferior do manto, cujas paredes estavam muito finas. Usei a própria cola, misturada com o pó e os pedaços milimétricos que não puderam ser aproveitados, agregando-os à imagem, onde se fazia mais necessário e reforçando todos os pontos mais frágeis.

Durante a visita, Padre Isidro insistia que eu usasse material sintético para "rechear" o interior da escultura, sugerindo que o pino que fazia parte da base de prata deveria ser coberto com este material e introduzido dentro da imagem, criando um bloco maciço. Ideia que recusei, categoricamente, porque, além de ser material inadequado para este tipo de restauro, não se tem informação segura de como a resina sintética se comportaria ao longo dos anos. Optei, em vez disso, por usar gaze cirúrgica, envolvendo o pino, e ceras de abelha e carnaúba, materiais estes que podem ser removidos, quando necessário, e não ofendem a estrutura original da imagem. Não se deve usar em restauro nenhum produto definitivo, que não possa ser removido no futuro.

15 DE JULHO, SÁBADO

Comecei a preparar o molde de gesso para fazer a face direita da imagem, usando a cópia de bronze para isso.

As duas cópias que haviam sido entregues com a caixa contendo os fragmentos não me ajudaram muito, a não ser como referência da imagem original, porque as medidas eram diferentes, de alguns milímetros a menos. Essas pequenas diferenças nas medidas fizeram com que a tentativa de molde não desse certo e, como consequência, o molde não se encaixou na face como deveria.

Optei, então, por refazer a face direita copiando-a das imagens de gesso e bronze e, também, da face esquerda da imagem original. Usei massa Durepoxi, adicionando os pedaços milimétricos, quase em pó, que não puderam ser usados na reconstrução. Assim nada foi desperdiçado, mas agregado à imagem.

> **Do Diário da Restauração, 15/07/1978**
> 66 Abaixo do braço direito foi recomposto um fragmento de 2 cm de extensão do manto que também se perdera; uma outra parte, pouco mais abaixo desta parte, em uma pequena prega do panejamento foi feita outra recomposição de 1 cm de comprimento. Nestas recomposições foram utilizadas a massa Durepoxi e pó dos fragmentos originais da imagem. O mesmo procedimento foi aplicado em outros locais da imagem, de dimensões menores a 1 milímetro, que se perderam. 99

Abaixo do braço direito foi recomposto um pedaço do manto que também faltava, além de uma pequena prega do panejamento de mais de 1 centímetro de comprimento. O mesmo procedimento foi realizado em outros pontos, de dimensões menores que 1 milímetro.

18 DE JULHO, TERÇA

> Do Diário da Restauração, 18/07/1978
> "Visita de Sua Reverendíssima, o Arcebispo Dom Geraldo Penido, que veio ao Masp acompanhado do Pe. Isidro, aos quais foi mostrada a imagem reconstituída e restaurada. À Sua Reverendíssima foram dadas todas as explicações dos trabalhos realizados, em todas as suas etapas, bem como as fotografias que documentaram estas fases. Satisfeito, Dom Geraldo Penido aprovou o trabalho, que foi motivo para nós de grande satisfação. O padre Isidro manifestou, igualmente, sua satisfação pelos resultados obtidos."

Não poderia deixar à mostra todas as suas feridas abertas, assim como, partes que faltavam, como faria se fosse um objeto de arte para Museus e colecionadores. Tratava-se apenas de harmonizar todo o conjunto, sem ofender quem a cultuasse ou contemplasse.

Depois de vários testes para achar a cor que mais se assemelhasse à pátina que a cobria, quando me foi entregue, decidi por Terra de Sienna queimada. Usei pigmento em pó misturado ao Verniz Matt, para completar e unificar os novos restauros ao conjunto geral da obra.

A pátina original se perdera quando a imagem esteve submersa nas águas do rio Paraíba, e é bem provável que tivesse uma policromia, como se usava na época em que foi feita. Mas, quando foi achada pelos pescadores, essa policromia já havia desaparecido, dando lugar à cor acanelada, devido às águas barrentas, e que, depois, absorvendo as fumaças do fogão a lenha e dos candeeiros, acentuou-se.

No restauro de 1946, realizado pelo Pe. Alfredo Morgado, esta cor foi realçada com a aplicação de uma pátina geral, escurecendo-a um pouco mais. Naquela ocasião, foram refeitos parte dos cabelos e do pescoço, usando cimento e serragem. O nariz também não era mais o original pois havia se perdido, ainda, nas águas.

Não achava prudente ou conveniente mudar a cor da pátina, como queria o Pe. Isidro, por duas razões: primeiro, porque o povo já se habituara com aquela cor, e qualquer alteração causaria a impressão de que não seria mais a imagem original, mas outra feita em seu lugar; segundo, porque seria impossível encontrar o tom original do Seiscentos (séc. XVII), uma vez que o Pe. Alfredo Morgado, quando a restaurou, lavou-a com álcool, removendo sua antiga pátina.

Pe. Morgado, sacerdote de caráter doce e gentil, pediu-me, então, que removesse e refizesse suas intervenções, pois dizia que não era especialista. Sua honestidade me comoveu e fiz o que me pediu, aprovando o resultado final.

A imagem foi radiografada e, após vários testes de intensidade de Raio X, conseguimos realizar três chapas que comprovavam todo o restauro, permitindo ver, claramente, todas as junções da colagem.

25 DE JULHO, TERÇA-FEIRA

> Do Diário da Restauração, 25/07/1978
> **"** Propositadamente demos pequeníssima diferença ao olho direito, em relação ao esquerdo existente, pois é sabido que as faces do rosto, na natureza, não são idênticas. Os artistas, especialmente os escultores, executam seus trabalhos baseados neste fato, pois somente assim conseguirão expressão fisionômica. Graças a uma fotografia existente da imagem, apesar de dimensões pequenas e, tecnicamente, pouco satisfatória, foi possível estudar a face reconstituída e, após comparações, concluir-se que a reconstituição foi fiel. **"**

A imagem havia sofrido várias intervenções anteriores e o pescoço apresentava-se, particularmente, danificado. Tive de refazê-lo, preenchendo as falhas junto ao colo com a cola usada na colagem, à qual agreguei os fragmentos milimétricos, quase em pó, que não podiam ser usados. Este procedimento foi necessário, a fim de melhorar seu aspecto geral, sem alterar o original. Por ser imagem de culto, sagrada e símbolo da nação brasileira, optei por restaurá-la, diferentemente, tendo o apoio dos sacerdotes e do Arcebispo Dom Geraldo Maria de Morais Penido.

29 DE JULHO, SÁBADO

> Do Diário da Restauração, *29/07/1978*
> "Escolhemos o radiólogo Dr. Guerrini, profissional competente e de muito renome e fama. O trabalho foi efetuado hoje, sábado, em seu laboratório, à Praça Ramos de Azevedo, n. 206, pois é um dia em que não atende ao público, podendo, assim, dispor de tempo para obter as melhores radiografias possíveis. A imagem foi submetida a vários testes de intensidade de Raio-X, conseguindo-se, assim, obter-se três chapas que nos foram entregues e que acompanham o presente relatório. O Dr. Guerrini recusou qualquer honorário pelos seus serviços profissionais, dando-o como sua contribuição."

30 DE JULHO, DOMINGO

Dediquei-me ao pino da base de prata, envolvendo-o em gaze cirúrgica e ceras de abelha, construindo um suporte macio, porém firme, que não criava tensões ou forçasse a estrutura da imagem quando encaixado, mas que se amoldasse suavemente.

Usei um critério preventivo, devido à nova situação da imagem toda reconstruída, portanto mais frágil, sendo necessárias atenção dobrada e técnica adequada no seu manuseio. Além disso, o material utilizado no suporte é removível, se no futuro for necessário refazê-lo. Coloquei a imagem em seu novo suporte, que se encaixou perfeita e suavemente.

> **Do Diário da Restauração, 30/07/1978**
> A imagem foi pesada e constatou-se um acréscimo de 215g em relação ao seu peso original, que era de 2,550 kg, de acordo com a informação que recebemos. O peso atual passou a ser, assim, de 2,765 Kg, comprovando-se que este acréscimo é devido à cola utilizada na sua reconstituição.

Finalizada a reconstrução e colocada em sua base, notei que a imagem tinha uma ligeira inclinação para trás. Assustei-me, pensando que havia feito algo de errado durante os trabalhos. Mas, logo depois do susto, descobri, por meio de pesquisas históricas, que os artistas do barroco costumavam dar esta inclinação às suas esculturas de Nossa Senhora. Fato confirmado pelos padres que me informaram que a inclinação havia sido "corrigida" quando a integraram na sua base de prata. Respeitei, também, essa nova posição e a incorporei em sua base.

31 DE JULHO, SEGUNDA-FEIRA

De manhã, após aplicar uma camada de cera de silicone para finalizar o acabamento da imagem, dei por encerrado o restauro, que considero perfeito.

> **Do Diário da Restauração, 31/07/1978**
> "Constatamos hoje, com alegria, que os trabalhos de reconstituição e restauração da imagem chegaram ao seu término e, para nosso contentamento, concluímos o presente relatório agradecendo ao Senhor Deus, Todo-Poderoso, a felicidade concedida de termos sido incumbidos desta honrosa tarefa e de termos podido, modestamente, contribuir para a reconstituição da preciosa Obra, certos de termos operado com o máximo empenho, honestidade e fé. Finis coronat opus, São Paulo, em 31 de julho de 1978."

Contando os dias que levei trabalhando, verifiquei que foram 33 dias ininterruptos. Com a sensação de dever cumprido e a satisfação de ter concluído este trabalho complicado, inusitado, e que foi a maior bênção de minha vida, pensava que havia colocado um ponto final nesses longos dias de tensão. Acreditava que minha missão se cumprira e tudo havia se encerrado. Mas a história continuaria por outros caminhos!

Depois que a imagem saiu de minhas mãos, ela foi conduzida a um caminhão do Corpo de Bombeiros e levada, triunfalmente, até Aparecida, pela Rodovia Presidente Dutra, ladeada por um corredor humano ininterrupto, da Avenida Paulista, desde o Masp, até Aparecida, onde as pessoas a saudavam, rezando e se emocionando às lágrimas, na maior demonstração de fé espontânea que jamais havia visto em toda a minha vida. Naquele momento, a emoção tomou conta de mim e senti, pela primeira vez, que havia tocado em algo sagrado e inexplicável!

O segundo restauro

A atuação restauradora de Nossa Senhora em minha vida

Terminado o restauro e divulgado pela imprensa, a confusão se instalou. Alguns jornalistas desinformados anunciaram que os técnicos do Vaticano realizaram o restauro, sem se preocuparem de verificar a veracidade dos fatos.

A notícia falsa, que havíamos dado antes, virou verdade, sendo desmentida, mais tarde, diante das evidências. Falaram também dos técnicos do Masp, como se o restauro tivesse sido um trabalho de vários restauradores em conjunto. A única pessoa que realizou o trabalho da reconstrução foi eu, mas o jogo de interesses e a desinformação criaram a impressão errônea, durante muito tempo, de que fui apenas a coadjuvante. Só muito mais tarde, quase vinte anos depois, a verdade foi aparecendo e acertando as coisas. Mas, se ainda existem aqueles que pensam de modo diferente, atribuo ao desejo consciente ou inconsciente de não aceitarem que uma mulher possa ter realizado, com sucesso, esse restauro, por causa de preconceito machista, que, infelizmente, é comum em nosso país.

Não tive nenhuma ajuda de outro profissional, apenas fui acompanhada, passo a passo, pelo diretor do Masp, Prof. Pietro Maria Bardi, que sempre confiou em minha capacidade, porque, se assim não fosse, não teria aceito realizar tão importante tarefa.

Os padres também acompanharam, semanalmente, o progresso da reconstrução e foram sempre gentis. O único que criava certo desconforto era Pe. Isidro, sugerindo que eu deveria preencher o interior da imagem com resina e também clarear a cor, porque a original era mais clara. Diante de minha recusa categórica em realizar as duas coisas que ele desejava, Pe. Isidro começou a se tornar inconveniente, pressionando-me cada vez mais, até que perdi a paciência e disse-lhe, em alto e bom som, que eu o ensinaria a rezar e ele me ensinaria a restaurar. Respondeu-me que eu era agressiva, ao que lhe retruquei: "Ainda nem comecei!"

Tudo que eu necessitava era de paz para realizar meu trabalho, porque a tensão era grande, diante da responsabilidade.

Com um restauro dificílimo, eu tinha de tomar decisões a cada momento sobre o melhor método a ser utilizado. Não tinha manual de instrução ou receita para me guiar. Vivia momentos delicados e precisava fazer o melhor possível, e acertar, porque qualquer deslize de minha parte comprometeria o resultado final.

Estava, plenamente, consciente de que se errasse a responsabilidade seria só minha, não teria complacência. Mas como tudo saiu da melhor forma possível, muita gente quis compartilhar o feito, indevidamente.

A ajuda efetiva e real que recebi e senti, fortemente, foi a espiritual, que nunca me faltou. Se não fosse esse amparo, provavelmente, teria sucumbido diante das pressões. Penso que Deus, quando nos coloca diante de um grande problema, também nos proporciona sua ajuda, na mesma proporção.

Assim que o trabalho terminou, Pe. Isidro, olhando o resultado e o renascimento da imagem de Nossa Senhora, disse-me: "Não tinha necessidade dela ter vindo aqui para ser restaurada. Nós, em Aparecida, também tínhamos a capacidade para realizar o restauro". E minha resposta, malcriada e indignada, foi: "Agora que tudo se resolveu, da melhor forma possível, é fácil falar". Esse foi o agradecimento que recebi, mas que, certamente, não representava a opinião da maioria dos padres, que sempre me trataram com muito respeito e afeto. Os padres ficaram muito felizes ao ver a imagem renascida. Esse trabalho foi realizado, gratuitamente, por mim, com o consenso do professor Bardi, que também não quis receber nada. Eu havia realizado este restauro por amor e não me sentia à vontade para colocar preço em algo sagrado. Essa foi a minha maneira de entregar meu coração a ela, por meio de meu ofício, e assim continua até hoje.

Ninguém que tenha tido contato com o sagrado permanece a mesma pessoa, ainda que essa transformação leve anos. Deus age, profundamente, em nós, de dentro para fora, caso contrário não seria a verdadeira mudança.

Eu, sem saber, havia iniciado minha transformação, que me levaria a dizer, anos mais tarde, que Nossa Senhora começara, delicadamente, sutilmente, a restaurar minha vida, também despedaçada, enquanto eu juntava os fragmentos de sua imagem de terracota! Foi uma bela troca e quem saiu ganhando fui eu.

Alguém me perguntou, certa vez, numa entrevista, se eu venerava a imagem ou a entidade. Pergunta capciosa e formulada a fim de me testar. Respondi que a imagem material é só um símbolo e que não poderia venerar a matéria, uma vez que trabalho com ela todos os dias. Evidentemente, é à entidade que amo com todo o meu coração, simbolizada nessa pequena imagem, cuja história é tão conturbada, quanto misteriosa. Penso que ela foi um sinal de Deus manifestado dessa maneira, e devemos ter a sensibilidade e inteligência para decifrá-lo e reconhecê-lo.

No ano seguinte, 1979, coincidentemente, no mesmo dia em que foi quebrada, 16 de maio, fui procurada pelo Pe. Pedro Fré, C.Ss.R., novo Reitor do Santuário, e Pe. Alfredo Morgado, C.Ss.R., no Masp. Ambos desejavam falar comigo, mas pediram segredo. Disseram-me que algo grave havia acontecido com a imagem de Nossa Senhora. Surpresa diante da revelação, perguntei se havia sido quebrada novamente. Disseram-me, então, que algo pior acontecera: Pe. Isidro havia pintado a imagem com tinta automotiva marrom, e o povo começava a murmurar que eu havia feito uma imagem falsa no lugar da original. Sem acreditar no que ouvia, mas assustada, combinei de ir, no próximo fim de semana, a Aparecida para ver a imagem, em lugar reservado. No sábado seguinte, dirigi-me até lá, acompanhada de meus pais, para verificar o que de fato acontecera. A presença de meus pais gerou, no futuro, uma informação inverídica, em um dos livros sobre Aparecida. Um trecho que falava do restauro afirmava que, enquanto eu restaurava a imagem, minha mãe rezava o terço. Este fato ocorreu apenas no dia em que fui a Aparecida, e não ao Masp, que foi o lugar onde restaurei, pela primeira vez, a imagem.

Quando levantei o pano branco que envolvia a imagem, senti um misto de revolta e indignação, pois, de fato, parecia uma imagem de gesso pintada, com uma camada de mais de um milímetro de espessura cobrindo-a, inteiramente, escondendo os restauros e dando a aparência de algo falso. Parecia outra imagem e se assemelhava àquelas de gesso, que se compram em qualquer loja de santos. Diante daquilo, expressei minha revolta pela falta de respeito a ela, em primeiro lugar, e também ao meu trabalho, que à primeira vista, parecia destruído.

Imediatamente, comecei a retirar a camada pesada de tinta, limpando-a, pouco a pouco, com uma mistura de terebentina e álcool absoluto, na proporção de 1/1.

Tive de retornar a Aparecida mais quatro vezes, a fim de concluir a limpeza, e à medida que removia a pintura densa e pesada, renascia a imagem original. Finalmente, livre daquela pintura, ela voltou ao ponto original, onde se podiam identificar as junções da colagem, o restauro da face direita, do manto e dos cabelos, que agora estavam expostos.

Unifiquei, novamente, a pátina, harmonizando tudo mais uma vez. Se não fosse a camada de cera de silicone que havia aplicado na ocasião do restauro no ano anterior, a tinta automotiva teria penetrado em definitivo na terracota porosa. A cera impermeabilizou e protegeu a imagem.

Mas o que considero mais grave foi outro fato que me chocou: o pino de prata que eu havia envolvido em gaze e ceras de abelha e carnaúba, criando um suporte mais leve e macio, foi substituído. O pino agora estava, definitivamente, colado na imagem, e não pude saber que tipo de material ele usou para isto. Será que Pe. Isidro utilizara a resina que tanto desejava? Não tentei retirar a base, com receio de quebrar a imagem, e preferi deixar como estava, mas preveni os padres que o manuseio da imagem deveria ser feito com muito cuidado, e o menos possível.

Quando, ainda hoje, vejo-a sendo retirada de seu nicho blindado e adequado a esta relíquia única, sinto sempre certo desconforto e medo de que algo aconteça. Toda obra de arte deve ser manipulada com os devidos cuidados, e essa imagem, mais ainda, porque, se ela sofrer algum acidente, será difícil restaurá-la novamente.

Ela se assemelha a uma pessoa que sofreu politraumatismo, em consequência de acidente automobilístico, ou de moto, que se após a recuperação se acidentar de novo, será mais difícil sua cura ou recuperação.

Saí do Masp em fevereiro de 1988 e fiquei mais de doze anos afastada de Aparecida, cuidando de outras coisas de minha vida profissional, mas confiava que tudo estava bem com a imagem de Nossa Senhora. Porém, anos mais tarde, em 1993, acompanhando um padre amigo que ia rezar missa em Aparecida, fui visitá-la em seu nicho na Nova Basílica; mais uma vez notei algo estranho em sua pátina, e pensei que fosse o efeito das luzes do nicho que causava esta impressão em mim. Procurei os padres para falar a respeito, foi quando conheci o novo Reitor do Santuário, Pe. Jadir Teixeira da Silva, C.Ss.R. Apresentei-me e expus minha preocupação, e ele, sem perda de tempo, marcou um dia para eu voltar e examinar a imagem. No dia estabelecido retornei e constatei que a pátina estava manchada, como se fosse a pele de onça pintada, e o que havia provocado isso foi a tentativa de fazer fôrma para reprodução de cópias.

Não soube que material usaram, mas as consequências lá estavam. Mais uma vez, tive de retirar as manchas e unificar a pátina. A partir daí, propus aos padres dar um suporte técnico à imagem, enquanto vivesse e tivesse condições para isso. Aceitaram a ideia, principalmente, Pe. Jadir, que compreendeu a gravidade de se continuar com uma visão superficial, ignorando o verdadeiro estado desta obra de arte sagrada, que necessita de cuidados especiais e profissionais. Graças ao Pe. Jadir, sacerdote sensível e inteligente, que entendeu a urgência de mudar o conceito amadorístico em relação à imagem, pude preparar um documento propondo realizar, anualmente, este trabalho de assistência, sendo aprovado e assinado por Dom Geraldo Maria de Morais Penido, arcebispo de Aparecida, naquele período.

Assim vou, regularmente, a Aparecida, antes da Festa do dia 12 de outubro, para uma manutenção preventiva da imagem, a quem chamo, carinhosamente, de "minha filha", enquanto a entidade é minha Mãe!

Inúmeras obras de arte de grandes mestres passaram por minhas mãos, ao longo dos anos. Cito apenas alguns: Claude Monet (1840-1926); Édouard Manet (1832-1883); Giovanni Bellini (1430-1516); Raffaello Sanzio (1483-1520); Francisco de Goya y Lucientes (1746-1828); Franz Janz Post (1612-1680); Pierre Auguste Renoir (1841-1919) e Joseph Mallord William Turner (1775-1851). É uma oportunidade única entrar em contato íntimo com o mundo dos grandes artistas, e o aprendizado que isso me proporcionou é de valor incalculável para mim.

A grande arte está acima dos modismos e da cultuação idólatra. Ela por si mesma transcende o tempo, permanecendo e emocionando através dos séculos.

Mas por que o restauro da imagem de Nossa Senhora Aparecida, sem a assinatura de um grande mestre, pôde mudar tanto minha vida e a de tantas pessoas? Se tivesse saído das mãos de um Michelangelo, por exemplo, a atenção seria, em primeiro lugar, à genialidade do mestre da Capela Sistina. Ela tinha de aparecer anônima, sem autoria famosa, talvez para cumprir outra função, que não fosse a descoberta de uma grande obra de arte.

Li numa revista judaica uma frase que resume o que desejo falar: "Coincidência é a forma de Deus se manter anônimo" (Albert Einstein). Não seria este anonimato artístico providencial e necessário para ela cumprir a missão espiritual, destinada a proporcionar a tanta gente pobre, rica, culta ou inculta, a fé que transcende a qualquer explicação da lógica humana? Se o fenômeno Aparecida fosse apenas um produto de *marketing* católico, essa manifestação de fé que dura 300 anos teria continuado, ou teria desaparecido, após alguns anos, como em tantas manifestações "espirituais"?

Em época de grande idolatria como a nossa, em que os nomes sagrados foram substituídos por ídolos passageiros do consumismo exacerbado, como permanecer indiferente à explosão de fé que acontece com esta imagem? Não sou idólatra, tenho o hábito de desconfiar quase sempre, pergunto o porquê de tudo e mantenho minha natureza indagadora, cada vez mais.

Não creio que algo material consiga permanecer, por séculos, atraindo multidões. Esta pequena imagem representa algo grandioso e misterioso, muito além de sua forma escultórea. Como explicar o sagrado com nossas mentes limitadas? Por maior que seja a inteligência de alguém, ela esbarra sempre no limite do desconhecido e inexplicável, e é nesse espaço que entra a escolha da fé. Não aquela fé cega e imatura, que aceita tudo sem refletir, mas aquela que passa pelo crivo da razão e depois repousa no coração. Portanto, é sempre uma escolha pessoal e intransferível. Eu mudei de uma indiferença cética para uma aceitação total, através de provas irrefutáveis em minha própria vida.

Em todos os restauros que fiz, uns mais complicados do que outros – mas que me deram tanta satisfação e realização artística –, assim que os concluía, encerrava-se minha ligação com eles. No entanto, com a imagem de Nossa Senhora Aparecida, mantenho ainda viva em minha memória todos os detalhes, as sensações, como se o restauro tivesse sido realizado no dia anterior. E quando penso que toda essa história está caindo no esquecimento, ocorre algo que a revive, e assim está sendo com o correr do tempo.

Anos atrás tive a prova dessa proteção espiritual. Quando chegava a minha casa, por volta das 8 horas da noite, fui surpreendida por quatro rapazes que entraram comigo, pelo portão eletrônico, e anunciaram um assalto. Eu nunca havia sofrido este tipo de violência e fiquei apavorada, mas ao mesmo tempo, fui invadida por uma tranquilidade anormal. Tenho um temperamento nervoso e sensível, embora demonstre, aparentemente, o contrário, mas naquele momento senti que algo superior a minha vontade tomava conta de mim. Um dos rapazes, aparentemente o chefe, empunhava um revólver, e quando os quatro já estavam dentro de casa, comecei a falar com eles, com calma, tranquilizando-os. Sentia que eles estavam com mais medo do que eu, mas continuei falando, procurando transmitir calma. Reviraram tudo, levaram algumas coisas; no final, aquele que estava armado anunciou que levaria um refém, ao que lhe retruquei: "Não vai não, se quiser pode atirar!" E olhando firme em seus olhos disse: "Atire, pode atirar! Mas se você fizer isto os vizinhos ouvirão e chamarão a polícia".

O rapaz que ameaçava mudou de ideia. Saíram, logo em seguida, e os quatro já usavam nos pescoços os terços que eu havia lhes oferecido. Antes de sair, de dois em dois, beijaram a imagem de Nossa Senhora Aparecida que tenho na sala, pois diziam que eram devotos dela!

Quando fechei o portão, acompanhando o último assaltante – aquele que empunhara a arma –, desabei, emocionalmente, e dez minutos depois chegava a polícia, acionada pelos vizinhos. Contei a eles o ocorrido e me parabenizaram pela calma com que conduzi a situação.

Sou convicta que naquele momento de tensão ela atuou, profundamente, em mim, inspirando-me e apoiando-me através de sua energia de Mãe, habilitando-me para agir da melhor forma, naquela situação de risco de vida.

Ao longo dos anos, sofri outros tipos de assaltos, mas foram assaltos morais que reviraram minha vida do avesso, porém, mesmo enfrentando a inveja, a calúnia, a intriga e a ingratidão, mantive-me firme e confiante no apoio e amor de Nossa Senhora, que me fizeram superar algumas provas bem difíceis. Habituei-me a falar com ela todos os dias, como se fosse uma Mãe presente. Peço conselhos, agradeço e falo de muitas coisas, e sei que não é um monólogo insano, porque encontro sempre uma resposta, através de alguém ou de um fato que, repentinamente, entra em minha vida. Às vezes demora, porque o tempo de Deus não é o nosso, mas chega a solução na hora certa!

Esperei todos esses anos para decidir-me a escrever sobre minha experiência com esse restauro, porque nunca quis aproveitar-me desse fato para engrandecer meu ego, além do necessário. Mas as cobranças têm sido muitas e nas entrevistas não se pode dizer tudo em detalhes, pois geralmente, modificam aquilo que se fala.

Por isso, pensei que chegou o momento de escrever este depoimento, e assumir, publicamente, a transformação pessoal e espiritual que ocorreu em mim. Sem demagogia ou pudor de me expor. Talvez não seja "politicamente correto", ou talvez não seja bem aceito pela classe artística e intelectual. Porém, meu primeiro dever é com Deus e depois comigo mesma. Espero que este depoimento ajude, de alguma forma, muitas pessoas perdidas, sem esperança, como fui um dia, e que a fé em algo maior que nós mesmos as ajude a encontrar a paz e o equilíbrio necessários para caminhar com mais alegria e confiança neste mundo conturbado em que vivemos todos, no mesmo barco que ameaça naufragar, diante dos graves problemas atuais. O excesso de população, o materialismo, a idolatria, a inversão total dos valores morais e espirituais, com uma tecnologia maravilhosa de um lado, mas escravizante de outro. Parecemos todos envoltos em redomas transparentes, fechados em nossos mundos particulares, sem acesso ao outro de forma solidária e amorosa, criando uma solidão arrasadora e perigosa entre nós.

Não há outra saída que não seja a espiritual, a fim de resgatarmos nosso eu verdadeiro, sufocado nas camadas profundas da materialidade ilusória. "Nós somos seres espirituais, tendo uma experiência corporal", como dizia Teilhard de Chardin.

Não me sinto especial por ter tido a oportunidade de restaurar a imagem de Nossa Senhora Aparecida, mas considero-me abençoada e agradecida por esta chance, que me abriu os sentidos para uma espiritualidade maior e abrangente, e para a compreensão da vida, de forma ampla e profunda.

Nunca usei a imagem de Nossa Senhora para me aproveitar comercialmente, apesar de tantas pessoas me sugerirem a fazê-lo. Tomo muito cuidado para não banalizar esse restauro e muito menos minha mudança interior, e pretendo manter essa posição radical, mas amorosa, até o fim de meus dias.

Concluindo este depoimento, desejo esclarecer o porquê do título do livro *"A história de dois restauros"*: o primeiro, evidentemente, foi a reconstrução da imagem, destruída em mais de 200 pedaços, e o segundo, foi o restauro de minha vida, que Nossa Senhora, paciente e amorosamente, fez comigo, libertando-me de um caminho tortuoso, por onde eu tinha enveredado.

Tive só a sensibilidade de entender e aceitar com coragem a mudança de rumo que ela me propunha. Mudar não é fácil; significa deixar muitas pessoas e situações para trás, abraçando outras possibilidades. E, como nunca quis seguir o caminho da maioria, assumi e entreguei em suas mãos, não só a solução de muitas coisas em minha vida, as quais não posso mudar, mas também a aceitação daquilo que me é permitido ter.

Índice

Dedicatória | 5

Agradecimentos | 7

Apresentação | 9

Prefácio | 11

Introdução | 13

Ficha técnica | 21

Imagens da restauração | 23

O primeiro restauro | 77

O segundo restauro | 99